高昌禮 編著
沈效敏 主編
高昌禮 手書

# 曾子名言
# 歷代名人贊曾子

曾憲梓

廣陵書社
中國·揚州

曾 子 塑 像

曾廟宗聖殿　“宗聖殿”匾爲曾憲梓博士題寫

曾子，姓曾，名參，字子輿，春秋末年魯國南武城(今山東嘉祥縣)人。生于公元前505年(周敬王十五年，魯定公五年)，卒于公元前435年(周考王五年，魯悼公三十二年)。出身没落貴族家庭，少年就參加農業勞動。後從師孔子，他勤奮好學，頗得孔子真傳。他積極推行儒家主張，傳播儒家思想，并在修身和躬行孝道上頗有建樹。是孔子學説的主要繼承人和傳播者，在儒家文化中居有承上啓下的重要地位。

# 序

孔子思想是中華傳統文化的精髓和主幹，其創立的儒學成爲西漢之後中國古代社會的國學。時至今日，儒學不僅對中國文化仍有着重大的影響，而且對世界文化的影響也愈來愈大。被後世尊奉爲『宗聖』的曾子，是孔子學説的主要繼承人，儒學傳承中最重要的人物，其思想和行爲很大程度影響了後世儒家，作用于中國古代思想史，影響中國歷史兩千多年，至今仍有其社會價值。

毛澤東曾説：『今天的中國是歷史的中國的一個發展；我們是馬克思主義的歷史主義者，我們不應當割斷歷史。從孔夫子到孫中山，我們應當給以總結，承繼這一份珍貴的遺産。這對于指導當前的偉大的運動，是有重要的幫助的。』（《毛澤東選集·中國共産黨在民族戰爭中的地位》）一九九八年全世界七十五位諾貝爾奬獲得者在巴黎聚會發表宣言説：『如果人類要在二十一世紀生存下





去，必須回到兩千五百年前，去吸收孔夫子的智慧。』曾子與孔子是密不可分的，同是儒家的重要代表人物，我們在繼承孔子思想精華的同時，不能不對曾子思想的精華進行研究和繼承。爲此，國家司法部原部長高昌禮同志用毛筆書法創作了《曾子名言·歷代名人贊曾子》一書。

高昌禮同志，山東魚臺人，一九三七年生，一九五二年參加工作，中國人民大學畢業。歷任地區檔案局副局長，縣委書記，市委副書記，省委常委、秘書長、副省長，省委副書記兼政法委書記，最高人民法院常務副院長，司法部長。高昌禮同志酷愛書法藝術，堅持用毛筆辦公四十餘年，退休後繼續奮鬥，在中國書法函授大學行草研究班學習兩年，又拜甘肅省書法教育研究會會長、著名書法家黎凡教授爲師學習兩年。二〇〇六年八月在甘肅蘭州成功舉辦了『高昌禮書法展』，受到好評。

高昌禮同志熱愛儒家文化，對儒家文化有一定的研究，尤其對曾子的人格

和其對儒學的貢獻非常崇敬。退休後就想對儒家文化及曾子文化的研究做些工作。山東省原副省長王玉璽同志用書法藝術寫墨子，極大地推進了對墨子文化的研究。高昌禮同志從中受到啓發，決心用自己的書法藝術寫曾子。從今年七月在蘭州籌備書法展的同時，就多次到濟寧及嘉祥，找專家，查文獻，收集有關曾子的資料，然後又出題目，組織人員編寫。蘭州書法展結束後，他没有休息，就冒着酷暑，帶着腰疾，開始工作，創作了書法《曾子名言·歷代名人贊曾子》這部作品。

《曾子名言》立足于宣傳曾子思想，從《論語》、《大學》、《孝經》、《孟子》、《荀子》、《大戴禮記》、《禮記》等古籍中，按内容分孝道、學習、修身、正氣、處世、治國、爲政、理財、自然、其他等幾個方面，摘録了曾子一些富有教育意義的言論，既有原文，又有譯文和點評，便于人們從中汲取精神營養。《歷代名人贊曾子》選録了古代帝王及高官、文人對曾子的評價和贊頌，顯現了曾子在儒家文化和古



代中國思想史上的重要地位；更可貴的是，還收録了當代中國黨和國家領導人有關肯定曾子修身思想和奮鬥精神的言論，便于人們能夠更好地認識曾子。在書法表現形式上，有楷書、行書、草書、隸書，閱讀此部作品，也是很好的藝術享受。

是爲序。

二〇〇六年十一月六日

成語格言專集

# 曾子名言（上）

曾憲梓

# 說明

一、本書内容取材于《論語》、《大學》、《孝經》、《孟子》、《荀子》、《大戴禮記》、《禮記》、《説苑》、《韓詩外傳》等十餘部經典著作，版本選用通行本。選取内容以曾子言論爲主；又因是成語格言專集，所以由曾子故事形成的成語也有所選入。選入原則精益求精，注重思想性。

二、按思想内容編排，設孝道、學習、修身、正氣、處世、治國、爲政、理財、自然、其他等十部分。通過這個編輯次序，力圖全面體現曾子的思想體系。

三、爲了便于閲讀和領會原文意義，每條成語格言設原文、釋文、點評，以不同字體加以區分。成語格言用手書隸體，原文用手書行楷，釋文、點評用印刷體。

四、原文尊重原著，引語盡量完整，用繁體字書寫。

五、《曾氏歷代名人簡述》一文的資料主要來自各種史籍、志書和譜牒。涉及的地名則沿用舊稱，涉及時間用歷史紀年，括注公元紀年。

# 目録

# 目録

# 目録

# 曾氏歷代名人簡述

在編寫《曾子名言·歷代名人贊曾子》過程中，應曾氏族人的要求，把曾氏歷代名人作一簡述，其意是學習先哲文化思想，繼承聖訓，深研做人做事之道，在大千世界、芸芸衆生之中，走正道，堂堂正正做人，踏踏實實做事，在建設和諧世界中獻出曾氏後人的微薄之力。

## 一、源于顯貴

曾氏出自『姒』姓，是夏禹的後裔，其遠祖可追溯到軒轅黃帝。

黃帝是中華民族的人文始祖。他是少典部族的子孫，姓公孫。因生于軒轅之丘，所以取名軒轅。又因長于姬水河邊，所以取姓姬。他取代神農氏，成爲部落聯盟首領，是五帝之首。

黃帝的正妃嫘祖生有兩個兒子，其中一個名叫昌意，封在若水。昌意與蜀山氏女子昌僕結婚，生兒子高陽。高陽品德高尚，爲人們做了很多好事，黃帝逝世後被立爲帝，他就是顓頊帝。

顓頊有一個兒子叫鯀，被堯封爲崇伯，賜姓姒。鯀是個很能幹的人，他帶領群衆治水失敗殉職。鯀娶有莘氏部族的女子女志爲妻，生兒子禹。

禹，名叫文命，因初封爲夏伯，所以又稱夏禹。夏禹繼承父業，繼續帶領群衆治水，他一改堵爲導的方法，制服了洪水，舜去世後被立爲帝。禹娶塗山氏部族的女子女嬌爲妻，生子啓。啓在禹去世後即天子位，變禪讓制爲世襲制，建立起我國歷史上第一個王朝——夏朝。

夏啓去世後，長子太康繼承王位。太康終日田獵游玩、不理國政，被東夷有窮國方伯后羿乘機滅掉。其弟仲康建立小朝廷繼位夏王。仲康又傳位兒子相，後相被有窮國攻打自殺身亡。相的遺腹子少康，勵精圖治，重建夏朝。

少康復國後把長子杼選定爲繼承人，把次子曲烈分封在鄫地，建立鄫國。初封之地在今河南南陽市方城縣北，因盛産絲織品繒而得名。曲烈致力于生産，善于發明創造，推進了社會的發展，使鄫國逐漸强大起來，歷經整個夏代而不衰。

成湯滅夏建立商朝，仍封鄫國八世國君伯基爲諸侯，封地不變。鄫國十四世國君世鑒曾入朝爲臣，與伊陟一起輔佐商王太戊，使殷商得以復興。

周武王滅商建立周朝，封鄫國爲子爵。東、西周之際，鄫國先被遷徙到今河南柘城縣北、睢縣東南，後又遷往今山東蒼山縣向城鎮地方。魯襄公六年（前五六七年），鄫國被莒國所滅。

關于鄫國的世系，據《武城曾氏族譜》和《濟寧州志》記載，共傳五十三世，即：曲烈生炫忠，炫忠生坤仁，坤仁生録，録生浩源，浩源生富材，富材生焜，焜生伯基，伯基生鋭，鋭生汪，汪生志梁，志梁生煌，煌生相奎，相奎生世鑒，世鑒生政治，政治生模，模生瑞煥，瑞煥生垠，垠生錦容，錦容生洪，洪生桂茂，桂茂生照，照生培元，培元生鉒，鉒生允漆，允漆生杞，杞生爝熹，爝熹生塤和，塤和生成鋭，成鋭生一清，一清生椿，椿生炯，炯生垣，垣生銷，銷生福波，福波生時榮，時榮生炳，炳生均作，均作生鈴，鈴生泓仁，泓仁生一松，一松生炤，炤生墅，墅生鎮玉，鎮玉生浥，浥生祥溥，祥溥生炷，炷生方堤，方堤生宇鑾，宇鑾生沛恩，沛恩生樸，樸生世美，世美生時泰。

鄫國被莒國滅掉之後，鄫太子巫逃亡魯國，在南武城定居下來。他去掉『鄫』字的邑旁，改姓『曾』，成爲曾姓的開基鼻祖。後來，曾巫的兒子曾夭做了季孫氏家的總管，而曾夭的兒子曾阜做了叔孫氏的家臣。

曾阜的兒子曾點，字皙，約生于魯襄公三十一年（前五四二年），約卒于魯哀公二十三年（前四七二年），他就是曾子的父親。曾點是孔子開始辦私學時招收的第一批弟子之一。他在孔子弟子中屬狂放之士，即勇于進取但行動中可能有偏激的人。其妻上官氏是位勤勞善良的婦女。唐玄宗開元二十七年（七三九年）封曾點爲宿伯，宋真宗大中祥符二年（一〇〇九年）封萊蕪侯，明世宗嘉靖九年（一五三〇年）改稱先賢曾子，與顔回之父顔路等一起被供享于孔廟崇聖祠內。

曾氏族人把曲烈到曾點五十七代作爲遠祖，而把曾子作爲開派祖。

## 二、顯于武城




春秋末年，在魯國南武城（今山東嘉祥縣）誕生了一位歷代曾氏族人中最著名，也是聞名中外的人物——曾子。

曾子，名參，字子輿，生于魯定公五年（周敬王十五年，前五〇五年），卒于魯悼公三十二年（周考王五年，前四三五年）。他少年就參加農業勞動，後從師孔子。他勤奮好學，頗得孔子真傳。他積極推行儒家主張，傳播儒家思想，并在修身和躬行孝道上頗有建樹。曾子是孔子學説的主要繼承人和傳播者，在儒家文化中居有承上啓下的重要地位，是我國歷史上繼孔子之後偉大的思想家、教育家。唐高宗總章元年（六六八年）贈太子少保，唐睿宗太極元年（七一二年）加贈太子太保，唐玄宗開元二十七年（七三九年）贈郕伯，宋真宗大中祥符二年（一〇〇九年）封瑕丘侯，宋徽宗政和元年（一一一一年）改封武城侯，宋度宗咸淳三年（一二六七年）封郕國公，元文宗至順元年（一三三〇年）加封郕國宗聖公，明世宗嘉靖九年（一五三〇年）改稱宗聖曾子，嘉靖十八年（一五三九年）封其妻公羊氏郕國一品夫人。

曾子有着良好的家教，所以子孫成才的頗多。戰國時代，就已顯于中原各諸侯國。

曾子三子：長子曾元仕于魯，次子曾申是學者，三子曾華仕齊爲大夫。三代：曾元長子曾西，繼承祖業爲學者；曾元次子曾中仕于魏，爲魏文侯所重；曾申長子曾耕仕滕爲大夫。四代：曾耕三子曾輿仕楚爲令尹，曾森次子曾颺任楚中大夫。五代：曾欽長子曾尋任平海侯，曾欽次子曾莊仕楚爲大夫，曾鐸子曾相任郎中令，曾星次子曾宜任徐州司馬，曾興子曾道仕楚爲令尹，曾颺次子曾詞任函谷關史。

西漢一代，曾氏爲官者也不斷。六代：曾㝵長子曾羡任徐州刺史。七代：曾羡長子曾遐任陜郡太守、揚州刺史，曾美次子曾倬仕漢爲尚書令。八代：曾遐長子曾煒任尚書令，曾遐次子曾盈任東陽太子太傅、撫州長史，曾議子曾慎任建安太守。九代：曾煒子曾樂任山陰縣令加封都鄉侯，曾盈次子曾僑任漢太子東宮使，曾行子曾惠任泗州別駕。十代：曾樂長子曾浼任上谷太尉，曾樂次子曾況任徐州太守，曾寓子曾基任青州刺史，曾家次子曾游任御史大夫。十一代：曾浼長子曾旃任漢西中壘校尉，遷冀州太守。十二代：曾旃子曾嘉任任安縣主簿，曾光子曾壽任漢臨江長史。十三代：曾嘉長子曾寶任武威太守、車騎侍郎，曾嘉次子曾頊任車騎侍郎，曾壽子曾弁任漢柳州丞。十四代：曾寶長子曾琰任提舉副使；曾寶次子曾璜任司業大將軍，與匈奴戰，敗，不屈而死；曾寶三子曾璟任潁川太守；曾頊長子曾玉任御史大夫；曾頊次子曾涓爲漢文學博士；曾弁子曾方爲河南尹。十五代：曾琰長子曾據爲都鄉侯，有功加封關内侯；曾琰次子曾援爲都鄉侯；曾玉長子曾儀任大司馬；曾玉次子曾仁任御史；曾玉四子曾杰任大司馬；曾涓子曾倜任大司馬；曾方長子曾萬爲長沙令。

### 三、發于廬陵

十五代曾據，耻于在王莽政權爲官，于新莽始建國二年（一〇年）十一月十一日率宗族一千餘人由山東南武城南遷，定居江西廬陵郡吉陽鄉，曾氏遂在南方繁衍，廬陵被稱爲曾氏第二發祥地。南遷後，曾氏子孫五十多年過着隱居的生活。

曾氏在政治上的復興，是在東漢明帝時。永平六年（六三年）漢明帝依據全椒縣令劉平的奏請，對曾據的忠義行爲進行褒奬，封曾據爲吉陽郡公，封其妻湖陽公主劉大家爲吉陽郡一品夫人。隨之從曾氏族人中選拔官員。曾據生有二子：曾闡、曾瑒。曾闡生四子：植、横、懋、楫；曾瑒生四子：永、昶、曜、常。曾瑒長子曾永任御史大夫，三子曾曜任福州刺史，四子曾常任鴻臚寺卿。十八代：曾植長子曾燿任諫議大夫，升福州刺史；曾横子曾輯任廣州刺史；曾永長子曾萬任將軍；曾曜次子曾杍任蒼梧太守，封臨轅侯。十九代：曾基任長沙令，曾圭任蜀郡從事，曾垂爲青州守，曾生爲安州刺史，曾箕任漢陽太守，曾游任魏郡太守、義陽侯，曾塘封義成侯，曾焕封景陽侯。二十代：曾行爲廣漢太守，曾徵爲鉅鹿太守，曾鴻爲蜀縣尹，曾臺任尚書，曾案爲尚書僕射，曾佐爲處州知事，曾冀爲長沙令等。此時已是東漢末年。

自三國之後，社會動蕩，曾氏族人從政的漸少。從二十一代説起，曾珣任中郎將，曾珍仕魏爲平原侯。二十二代：曾涣任景陽侯。二十三代：曾曜任福州刺史，曾躴仕晋爲太子洗馬。二十四代：曾緦任鎮南將軍。二十六代：曾鉉任大司馬，曾道始任車騎將軍，加封開國侯。二十七代：曾海任襄州録事參軍。二十八代：曾琦任黄門侍郎。

進入唐代，曾氏族人從政者回升。三十一代，曾鈞任唐給事中。曾鈞生曾謀，曾謀生曾丞。三十三代曾丞，任司空兼尚書令，生三子：珪、舊、略。曾珪、曾舊、曾略的後裔都得到大的發展，形成三大房系。

曾珪房系：因仍居江西吉陽（今屬永豐縣），所以又稱永豐房，曾珪爲永豐房祖。此房在珪、舊、略三大房系中，人口最多，分布最廣。曾珪生寬、綽、豐、暉、隱五個兒子，又分爲五個支房系。曾寬房爲曾氏大宗，傳至三十七代曾慶，仕唐爲御史大夫。曾慶生二子：曾偉、曾駢。曾駢之後回山東嘉祥縣守曾子廟、墓，稱爲東宗；曾偉之後仍居江西，稱爲南宗。曾偉任吉州都押衙檢校御史大夫。曾偉子三十九代曾輝任鎮南節度使、銀青光禄大夫、檢校國子祭酒、散騎常侍。曾輝次子曾崇鄴爲吉州司馬，三子曾崇德任廬陵佐使。曾慶次子三十八代曾駢任御史大夫。曾駢子曾耀任南唐宮檢司、真州刺史。曾耀子四十代曾崇範任南唐太子洗馬。曾崇範子曾延膺任果州兵馬都監。曾隱房是第五支，曾隱生子三十六代曾延世，累任唐團練使、河南光州刺史、開閩侯，贈金吾上護軍，晉光禄大夫。因避亂入閩，定居泉州晉江縣龍山頭，爲龍山衍派一世祖。曾延世長子三十七代曾教任右衛大將軍，次子曾運任兵馬都總管。曾教長子三十八代曾盈任國子祭酒，第三子曾衡任黃門侍郎。曾運次子三十八代曾泓任唐內侍省使。曾泓長子三十九代曾鋭任唐右衛將軍。曾鋭子四十代曾瓚任泉州録事參軍。

曾舊房系：由江西吉陽徙樂安縣雲蓋鄉。爲樂安、臨江房祖。曾舊任金紫光禄大夫、檢校尚書左僕射、同中書門下平章事，贈上柱國、魯郡開國公。曾舊次子曾儣所撫子三十六代曾楓俊任兖州太守。

曾略房系：由廬陵吉陽遷居撫州西城甘山，爲撫州、南豐、臨川等地的房祖。曾略任唐金紫銀青光禄大夫、節度使。曾略三傳三十七代曾筠任檢校大司空。曾筠長子曾游任鎮南節度左相兵馬使、檢校刑部尚書、檢校大司空。曾筠次子曾洪立任檢校司空、金紫光禄大夫、興南門節度使。曾筠第三子曾宏立任唐撫州軍節度使，後梁特授金紫光禄大夫、檢校尚書右僕射。因曾洪立任南豐縣令時，全家由甘山遷居南豐縣南城瓦子巷，兄弟三人裔衍南豐，稱『南豐三祖』。曾洪立長子三十九代曾延構任將仕郎宜春丞，曾洪立次子曾延福任金紫光禄大夫，第三子曾延鐸任銀青光禄大夫、右衛大將軍。

曾氏人口的增長，素質的提升，爲兩宋進入鼎盛時期打下了基礎。

## 四、盛于兩宋

曾氏鼎盛于北宋、南宋，主要反映在龍山和南豐兩房上。

先看龍山曾氏。曾延世五傳四十一代曾嶠（曾瓚次子）任閩司農少卿，終泉州節度掌書記。曾嶠次子曾穆任德化縣知縣。曾穆長子曾會，北宋端拱二年（九八九年）榜眼，累升兵部尚書。曾氏稱『榜眼開先』就是指曾會，從此龍山曾氏進入鼎盛時期。曾會生六子：公度、公亮、公立、公奭、公望、公定。其中，曾公亮是著名的政治家、軍事科學家、學問家，歷宋仁宗、英宗、神宗三朝爲相，功勛卓著，爲一代名宰，卒贈太師中書令，魯國公，謚號『宣靖』；曾公度任濠州承議郎，曾公立以父恩授供備庫副使，贈司空、開府儀同三司；曾公奭任尚書都員外郎，贈朝議大夫；曾公望任虞部郎中，贈金紫光祿大夫；曾公定任集賢殿校理，特晋封少保、金紫光祿大夫。曾公亮生三子：孝宗、孝寬、孝純。其中曾孝宗以父蔭恩授朝議大夫，贈金紫大夫、軍器少監；曾孝寬爲資政殿大學士、吏部尚書，贈太師秦國公；曾孝純任朝奉大夫、光祿寺少卿。曾公立三子曾孝廣任户部尚書，顯謨閣直學士，贈少師。曾公望三子曾孝藴任刑部尚書，顯謨閣直學士加封龍圖閣學士，贈少師。曾公定三子曾孝序任環慶路安撫使、延康殿學士，抗金名將，贈光祿大夫。曾孝寬次子四十六代曾誠任秘書少監。曾孝純次子曾註任刑部尚書。曾誠第四子曾懷任户部尚書，升參知政事，右丞相，觀文殿大學士，贈魯國公。還有四十六代曾詩任朝奉大夫，升直秘閣學士。四十七代曾求仁任金吾衛大將軍；曾恬任朝請郎，著名理學家；曾慥任尚書郎、右文殿修撰，南宋有名詩人；曾惆任參知政事。

四十三代曾會二弟曾愈任秘書丞，五傳四十八代曾應辰，生四子：從龍、用虎、天麟、治鳳。其中：曾從龍於南宋寧宗慶元五年（一一九九年）狀元及第，授資政殿大學士，三任參知政事，兩拜參知政事同知樞密院事，贈太子少師，曾氏族人所稱『狀元繼美』即指曾從龍；曾用虎任湖北清江安撫使，升朝議大夫；曾天麟任軍器少監、中奉大夫；曾治鳳任廣州知州兼廣東安撫使，升中直大夫。還有五十代曾宣，于元兵入都、恭帝南逃泉州、叛將薄壽庚閉門不納之時，盡起本處鄉兵、族人，護送皇族越境南下，戰死，賜謚『靖節』。五十二代曾新恩則與内兄黄逸一起，捨家資募義兵，招鄉鄰，保駕北征，抗拒元兵，受封散騎千户侯。

據統計，宋代龍山曾氏中進士者十九人，其中北宋有曾會、曾愈、曾公度、曾公亮、曾公奭、曾公定、曾軫、曾孝澤、曾諤、曾說、曾誕、曾詢、曾恬；南宋有曾恕、曾從龍、曾治鳳、曾子厚、曾天麟、曾純。還有特奏恩例進士五人。尚書以上大臣九人：曾會、曾公亮、曾孝寬、曾孝廣、曾孝藴、曾註、曾惆、曾懷、曾從龍，其中拜相三人：曾公亮、曾懷、曾從龍。封公十一人：曾嶠太師秦國公、曾穆太師魏國公、曾會太師楚國公、曾公亮太師魯國公、曾孝寬太師秦國公、曾誠太子太師秦國公、曾詳太師魏國公、曾懷少保魯國公、曾憕太師魏國公、曾應辰太師秦國公、曾從龍太師。當時顯官勛爵，名列朝廷，民間有『曾半朝』之稱，有詩贊曾氏盛况：

『瓊林宴罷花半壁，御苑歸來笏滿床。』

另一大顯于宋的曾氏房系是南豐曾氏。曾洪立生延鐸，曾延鐸第四子四十代曾仁旺，授翰林院學士，生四子：致堯、從堯、咨堯、佐堯。四十一代曾致堯任尚書户部郎中，贈右諫議大夫，生七子：易從、易知、易直、易簡、易占、易豐、易持。其中：曾易從任秘書著作郎；曾易知任虔州太守；曾易直任黄州麻城主簿；曾易占任太子中允、太常丞，贈右銀青光祿大夫。曾易從次子四十三代曾庠任秘書省著作佐郎。曾易知次子曾準任集慶軍節度推官，知藍田。曾易直長子曾罕任吉州軍事推官。曾易直次子曾叔卿任秘書省著作佐郎。曾易占生六子：曄、鞏、牟、宰、布、肇。其中：曾曄善文章；曾鞏任史館修撰、中書舍人，文才出衆，是唐宋散文八大家之一；曾牟任衡州安仁令；曾宰任潭州司户參軍、湘潭主簿，善文章；曾布拜尚書右僕射，獨秉國政，封魯國公，謚號『文肅』；曾肇拜中書舍人，實録院修撰，封曲阜開國侯，贈少師。曾曄長子四十四代曾覺任韶州判官。曾鞏長子曾綰知棣州，贈政議大夫；次子曾綜任瀛州防禦推官，知宿州蘄縣事；三子曾綱任奉議郎。曾罕長子曾景任瀏陽縣令。曾準長子曾崇任朝散郎，無爲州判；三子曾開任禮部侍郎；四子曾懋任吏部尚書；五子曾幾任禮部侍郎，詩人。曾罕子曾鋭任秘書省著作郎。曾布四子曾紆任顯謨閣直學士、大中大夫，善詞翰，有志節；五子曾絣任吉州司户參軍。曾綰四子四十五代曾忞任將仕郎。曾紆次子曾惇知鎮江府。曾肇孫曾協任臨安通判，知永寧州事。曾肇曾孫四十六代曾炎任通奉大夫，封曲阜開國子。

綜觀南豐曾氏，不僅人才多，涉及面也廣。有三大特點：一是爲官從政的多。三十八代曾洪立，一家四代爲官者達三十人。四十一代曾致堯，祖孫三代登進士者七人。二是文學家多。曾致堯可以説是南豐曾氏在宋代進入鼎盛期的開基者，他就以文學見長，以著述著稱于世，到其孫曾鞏成爲文學界的頂尖人物，曾鞏之兄曾曄、之弟曾宰亦善文章。其後的從政者如曾肇多是官、文并顯。四十四代曾紆、四十五代曾惇父子都是詩詞大家。到曾宰曾孫四十六代曾季貍也精于詩詞。三是忠義之士多。曾肇之孫四十五代曾悟，在金兵破亳州時被俘不屈，抗詞謾罵，死于亂刀之下，尸骨無存；曾鞏之孫曾恴，被俘不屈，怒罵金兵主帥，全家四十口人盡數被殺。曾易占九世孫五十代曾唯，以太學士身份敢怒斥權奸丁大全，屬時稱『六君子』之一。

終宋一代，除南豐曾氏和龍山曾氏外，曾氏其他房系也有較大發展，出現了一些名人。如曾氏南宗四十四代曾朝陽任忠州推官，四十四代曾匪陽任秘書著作郎。還有江西新淦人曾三聘，初任郴州知府，後提點廣西、湖北刑獄。其弟曾三异任承奉郎，是詩人、學者。江西臨江曾三復拜監察御史、刑部侍郎。江西新淦曾宏迪任兵部侍郎、集英殿學士、修撰。等等。

## 五、興于明清

明、清曾氏的興旺，面比較大，比較分散。但以南宗爲主導，東宗授有世襲翰林院五經博士。

南宗、東宗之分，始于三十八代曾偉、曾騂兄弟。曾偉之後爲南宗。曾偉生曾輝。曾輝三子曾崇德生五子：澄修、敬修、裔修、從修、絢修。長子澄修裔衍湖南寧鄉縣，爲寧鄉麻田房，興于明；四子從修裔衍湖南湘鄉縣，爲湘鄉大界房，興于清。

實際上，曾澄修後裔從元代開始興旺。曾澄修十傳爲五十一代曾晞顔，在南宋官至兵部侍郎，入元任湖廣道儒學提舉，以子德裕貴贈武城郡伯。曾晞顔生三子：雷順、德裕、巽申。長子雷順生如圭，如圭任太平路儒學教授；次子德裕爲翰林院直學士；三子巽申爲遼陽路儒學提舉，後任翰林院國史編修。祖孫三代都是文人，又多在儒學任過職，受其影響，子孫都注重讀書。他們創辦武城書院，經中書省批準，取得了與曲阜三氏學一樣的地位。他們還在書院内塑曾子像進行奉祀，這一支成爲實質上的曾氏大宗，爲以後的發達打下了很好的基礎。

曾巽申生如寶。如寶生五子：洵、混、源、潛、潼。曾洵生曾棨，曾潼生子集。時間進入明朝。

五十五代曾棨于明成祖永樂二年（一四〇四年）中狀元，授翰林院修撰，升侍讀學士，再升詹事府少詹事，贈禮部左侍郎、嘉議大夫。

五十五代曾子集，生六子：芝、蘭、茂、樺、芬、芳。長子曾芝授沅州知州，奉直大夫，遷居湖南長沙府寧鄉縣麻田，衍爲寧鄉麻田房。次子曾蘭仍據永豐龍潭，曾蘭之孫五十八代曾袞襲翰林院五經博士。曾芝長子五十七代曾安任廣東海陽縣知縣，例授文林郎。曾安長子五十八代曾紘任儒學教授。曾紘長子五十九代曾潮琉，于嘉靖十九年（一五四〇年）代表南宗赴山東嘉祥拜謁曾子廟，爲差徭事禀請各憲立案優免。此後，曾芝後裔往往代表南宗引領曾氏合族事宜。曾芝十一傳六十七代曾衍詠，于嘉慶年間在寧鄉縣建萊蕪侯祠，湖南巡撫咨禮部，請授爲南宗世襲翰林院五經博士，奉祀曾點專廟，未准。

曾崇德四子曾從修，二十一傳爲六十二代曾孟學，遷居湖南湘鄉大界（今屬雙峰縣），成爲湘鄉大界房的始祖。曾孟學七傳六十九代曾麟書，生五子：國藩、國潢、國華、國荃、國葆。其中，曾國藩官至太子太保、兩江總督、一等毅勇侯，權震朝野；曾國荃亦官至太子太保、兩江總督、一等威毅伯。曾國藩生二子：長子曾紀澤襲一等毅勇侯，歷任大理寺少卿、吏部侍郎等，是我國晚清著名的外交家；次子曾紀鴻是著名的數學家。



曾紀鴻生四子：長子曾廣鈞擅詩文，二十四歲入翰林院；次子曾廣定官至湖北按察使；三子曾廣銓幼嗣紀澤爲子，精通多國語言，任兵部員外郎、駐德大使；四子曾廣鐘于甲午中日之戰，年僅十九歲，率兵五千人出山海關援韓。

再看東宗。三十八代曾駢二十一傳五十九代曾質粹，于明世宗嘉靖五年（一五二六年），由永豐曾氏合族共推到山東嘉祥南武山祭掃宗聖廟、墓。嘉靖十二年（一五三三年），以吏部侍郎顧鼎臣奏請，詔求曾子嫡嗣，于是東歸。初以衣巾奉祀。嘉靖十八年（一五三九年）授翰林院五經博士，子孫世襲。曾氏翰林院五經博士傳承情況如後：

六十代曾昊，應襲翰林院五經博士，先于父親曾質粹去世。生子曾繼祖。

六十一代曾繼祖，少生眼疾，兼以父、祖連喪，没能立即請襲。明神宗萬曆元年（一五七三年）永豐龍潭曾氏（南宗）族人曾袞，以應貢到京，得以襲職。給事中劉不息等參奏，准繼祖之子承襲世職。萬曆三十年（一六〇二年）敕封修職郎、翰林院五經博士。生子承業、承祐。

六十二代曾承業，萬曆五年（一五七七年）襲翰林院五經博士。請求撥錢修廟，收復祭田，又請姚思仁創修《宗聖志》，自輯《曾子全書》三卷。天啓元年（一六二一年）敕授修職郎。生子宏毅。

六十三代曾宏毅，崇禎元年（一六二八年）八月襲翰林院五經博士，隨即贈儒林郎。生子聞達、聞迪、聞道。

六十四代曾聞達，崇禎十四年（一六四一年）八月襲翰林院五經博士。清世祖順治三年（一六四六年）改授內翰林國史院五經博士。順治十四年（一六五七年）敕授修職郎、翰林院五經博士。康熙十四年（一六七五年）贈徵仕郎。生子貞豫、貞宸、貞泰、貞震、貞巽、貞臨、貞隨、貞賁。

六十五代曾貞豫，康熙七年（一六六八年）三月襲翰林院五經博士。康熙十四年（一六七五年）恩加一級，敕授徵仕郎。康熙二十九年（一六九〇年）告休，贈奉直大夫。生子尚溶、尚溥、尚涝、尚泗、尚潔、尚瀣。

六十六代曾尚溶，康熙二十九年（一六九〇年）十二月襲翰林院五經博士。康熙五十二年（一七一三年）贈加一級，授徵仕郎。生子衍模（早卒）、衍橚、衍枚、衍樸（出嗣尚潤）。

六十七代曾衍橚，雍正三年（一七二五年）襲翰林院五經博士。敦行積學，著有《近聖居詩集》二卷。生子興烈。

六十八代曾興烈，乾隆四年（一七三九年）五月襲翰林院五經博士。工詩，著有《墨軒吟稿》。乾隆三十六年（一七七一年）贈修職郎。生子毓壿。

六十九代曾毓壿，乾隆二十六年（一七六一年）襲翰林院五經博士。修《武城家乘》十卷；著《家誡》一篇，采入《濟寧州志》；又著《訓後要言略》，刻石嵌書院壁。乾隆五十年（一七八五年）贈加一級，授徵仕郎。生子



傳鎮、傳錫、傳銓、傳鉠、傳録、傳語、傳鉞。

七十代曾傳鎮，嘉慶元年（一七九六年）襲翰林院五經博士，授徵仕郎。生子紀璉。

七十一代曾紀璉，襲翰林院五經博士。因事革職，不准其後承襲。族人推傳鎮仲弟傳錫之子紀瑚主祀。曾紀瑚，嘉慶十八年（一八一三年）拔貢生，著有《萌麓詩草》、《南游紀略》、《家乘約編序》。經衍聖公會同禮部具題，承襲翰林院五經博士。隨即請修廟林，募修宗聖書院。道光十五年（一八三五年）封加一級，贈徵仕郎。生子廣芳、廣莆、廣芝。

七十二代曾廣芳，應襲翰林院五經博士，早卒，以廣莆長子昭嗣承祧。廣芳卒後，懸襲數十年，族人呈請衍聖公，咨禮部注册，由廣芳仲弟曾廣莆代理翰林院五經博士。曾廣莆理林廟事，以勤勞聞。同治四年（一八六五年）勸同鄉里，重修城池，督辦團防，欽加五品銜，四品頂戴，例授奉政夫。生子昭嗣（出嗣廣芳）、昭喆（出嗣廣芝）、昭言。

七十三代曾昭嗣，未及襲翰林院五經博士而卒。生子憲祏。

七十四代曾憲祏，光緒十二年（一八八六年）八月承襲翰林院五經博士。因案革職，准其子慶源承襲。慶源年幼，族人仍推攝理祀事。生子慶源、慶溎、慶湘。

七十五代曾慶源，例襲翰林院五經博士。生子繁山、繁林。

東宗較有名望的人物還有：六十四代曾聞道任福建福寧直隸州同知，曾聞達任湖廣雲夢縣知縣。六十五代曾貞震任兗州府同知。六十六代曾尚溥任廣東連平縣知縣；曾尚治任户部河南司主事、儲濟倉監督。六十七代曾衍東任湖北江夏知縣，博學多才，文學家，著有《武城古器圖説》、《小豆棚》、《啞然詩名》、《古榕雜綴》、《七道士詩抄》等，以《小豆棚》影響最大。

明代曾氏著名的人物還有：曾魯，五十五代，江西新淦人，官至禮部侍郎。曾鳳韶，江西廬陵人，任監察御史，反對燕王篡位自殺。曾堅，江西金溪人，任禮部尚書。曾仲魁，六十代，福建晋州人，任禮部尚書。曾鑑，五十九代，原籍湖南桂陽，後遷北京，任工部尚書，卒謚太子太保。曾銑，六十三代，江蘇江都（今揚州）人，任兵部侍郎，贈兵部尚書。曾鈞，六十四代，江西進賢人，任工部右侍郎，改任南京刑部右侍郎，卒贈刑部尚書。曾同亨，江西吉水人，累任工部尚書、吏部尚書，贈太子少保。曾乾亨，同亨弟，官大理寺少卿。曾楚卿，福建晋江人，任禮部尚書。曾朝節，六十三代，湖南臨武人，探花，任禮部尚書。曾亨應，六十五代，江西臨川（今撫州）人，任吏部文選主事，抗擊清兵，與弟和應、子曾筠皆殉國。等等。

清代曾氏著名的人物還有：曾望顔，廣東香山（今中山）人，任四川總督。曾釗，廣東南海人，抗英有功，近代愛國主義者。曾壁光，四川洪雅人，任貴州巡撫，卒贈太子太保。曾鎰，福建莆田人，著名畫家。曾水源，廣西潯州武宣人，任太平天國天官正丞相。曾立昌，廣西桂平人，太平天國夏官又副丞相。曾天養，廣西桂平人，太平天國秋官又正丞相。曾習經，廣東揭陽（今揭西）人，任度支部右丞，書法家。曾樸，江蘇常熟人，清末小説家。曾鏞，原籍福建同安，遷居上海，清末愛國資本家。曾孝谷，四川成都人，近代話劇活動家等。

當代曾氏進入新的鼎盛時期，各房各界都涌現出大批杰出人物。這裏不再介紹。

沈效敏　曾令霞

（作者係中國·嘉祥曾子研究會副會長；曾氏宗親聯合總會秘書長）

# 孝道

曾子名言

成語格言專集

二〇一九

身體髮膚　受之父母

仲尼居曾子侍曾子有問子曰身體髮膚受之父母不敢毀傷孝之始也

孝經·開宗明義章

# 曾子名言



孔子坐着，曾子相陪。曾子請教問題，孔子說：「人的軀幹四肢毛髮皮膚，都是從父母那裏接受來的，不敢使它們受到誹謗和損傷，這是孝的起始。」

人的身體是父母給予的。没有父母便没有子女的一切，所以應該敬重父母；父母是根源，子女是枝節，所以應該順應父母；父母所給予的身體伴隨子女的一生，因而子女應該終生行孝；最高層次的孝是使父母得到尊貴，因而應該建功立業、報效國家。這就是曾子孝道的邏輯起點。首先守護好父母給予的身體，不讓父母擔憂，不讓父母的聲譽受損害，這就成了行孝的起點。



父母生之　續莫大焉

君親臨之　厚莫重焉

曾子有問子曰父子之道天性也君臣之義也父母生之續莫大焉君親臨之厚莫重焉故不愛其親而愛他人者謂之悖德不敬其親而敬他人者謂之悖禮

孝經·聖治章

曾子請教問題，孔子說：『父子之間的倫理，是自然本性，含有君臣之間的義理。父母生育子女，沒有比這個更大的延續了；父母既是至親，又像嚴君一樣地對待子女，恩情沒有比這個更厚重的了。所以，不愛自己的父母卻愛其他人，就是違背道德；不尊敬父母卻尊敬其他人，就是違背禮義。』

人是天地間最偉大的。父母生育子女是天地間最大的延續。父母恩情大于天，孝事父母是最基本的道德，最基本的禮義。

# 放之四海而皆準

夫孝者天下之大經也夫孝置之而塞於天地衡之而衡於四海施諸後世而無朝夕推而放諸東海而準推而放諸西海而準推而放諸南海而準推而放諸北海而準

大戴禮記·曾子大孝

孝是天下最主要的法則。把它立置便頂天立地，把它横放便横蓋四海，把它延續到後世便沒有一朝一夕不存在，推行到東海能够成爲準則，推行到西海能够成爲準則，推行到南海能够成爲準則，推行到北海能够成爲準則。

**孝是天下最大的法理，過去、現在、未來，中國、外國，孝是放之四海而皆準的。**

## 天經地義

曾子有問。子曰：夫孝，天之經也，地之義也，民之行也。天地之經，而民是則之。則天之明，因地之利，以順天下。是以其教不肅而成，其政不嚴而治。

孝經·三才章

曾子請教問題，孔子說：『孝是天地間最根本的法則，是人們應該躬行的。天地間的根本法則，人們把它作爲準則。用它規範天，天則光明；用它規範地，地則增利；用它規範人類，則天下順。因此，用它教化，雖不急速却能取得成效，用它行政，雖不嚴厲却能使天下太平。』

**孝道是天的法則、地的法則，也是人的法則，也應是治理社會的法則。**

## 孝為德本　教之所生

曾子有問。子曰。夫孝。德之本也。教之所由生也。

孝經·開宗明義章

曾子請教問題，孔子說：『孝是道德的根本，教化是由此而產生的。』

道德的基本點是愛，人類的愛是從愛父母開始的，孝是一切道德的基礎和源泉。因而，教化也必須從孝道開始，從孝道而生發開去。



## 立身行道　揚名後世

曾子有問。子曰。立身行道。揚名於後世。以顯父母。孝之終也。

孝經·開宗明義章

建功立業，通達于世，揚名到後代，使父母獲得尊貴，是孝的落脚點。

爲社會建功立業，爲人類作出貢獻，是孝的最高目標、最高境界，也是孝的落脚點。

始於事親　終於立身

曾子有問。子曰。夫孝。始於事親。中於事君。終于立身。

孝經·開宗明義章

曾子請教問題，孔子說：『孝開始于侍奉父母，以服事君主報效國家作爲繼續，歸結到建功立業上。』

事親—事君—立身，是過去孝的三部曲。孝敬父母—報效國家—建功立業，也應是當代人孝的三部曲。

忠為孝本

忠者。其孝之本與。

大戴禮記·曾子本孝

發自內心的熱愛父母，是行孝的根本啊！

有愛才有孝，有真誠的愛才有真誠的孝。

大孝尊親

孝有三。大孝尊親。其次不辱。其下能養。

大戴禮記·曾子大孝

孝分三個等級：最高的孝是能使父母受到尊敬，其次是不辱沒父母的名聲，最下等的孝是能够供養父母。

使父母受到尊敬是最高水平的孝。不然，正像孔子所說，如果衹能做到養，那與飼養犬馬有什麼區别呢？

## 忠愛以敬

君子之孝也，忠愛以敬，反是亂也。盡力而有禮，莊敬而安之，微諫不倦，聽從而不怠，歡欣忠信，咎故不生，可謂孝矣。

大戴禮記·曾子立孝

君子行孝，應是發自內心的愛并恭敬地事奉父母，不如此就亂了綱紀。竭盡全力而有禮法，莊重恭敬而溫和，委婉地勸諫而不嫌勞累，父母聽從勸諫後也不懈怠，歡喜更盡到內心的誠意，如果做到這樣，災禍和事故就不會發生，這就稱得上孝了。

行孝有兩條根本準則：一是愛，一是敬。發自內心的愛并恭敬地對待父母，二者相輔相成，才能做到真孝。

## 一言一行不忘父母

君子一舉足不敢忘父母，一出言不敢忘父母。一舉足不敢忘父母，故道而不徑，舟而不游，不敢以先父母之遺體行殆也。一出言不敢忘父母，是故惡言不出於口，忿言不及於己，然後不辱其身，不憂其親，則可謂孝矣。

大戴禮記·曾子大孝

君子每一抬脚都不敢忘記父母，每一說話都不敢忘記父母。一抬脚不敢忘記父母，所以走大路而不走小路，渡河乘船而不游水，不敢拿父母給予的身體冒險。一說話不敢忘記父母，所以不好的話不敢說，忿怒的話不能涉及自己。這樣不辱没自己，才不使父母擔憂。就可以說是孝了。

　　身體是父母給予的，人們由家庭走上社會後，一言一行都要格外小心謹慎，社會就太平了。







## 孝子養老　樂心順志

孝子之養老也。樂其心。不違其志。樂其耳目。安其寢處。以其飲食忠養之。孝子之身終。終身也者。非終父母之身。終其身也。是故父母之所愛亦愛之。父母之所敬亦敬之。至于犬馬盡然。而況于人乎。

禮記·內則

孝子奉養父母，要使他們心裏快樂，不違背他們的心意，使他們耳目愉悦，寢處安適舒服，在他們的飲食上盡心地調養。孝子要這樣做到身體的終結。這裏所説的『終身』，并不是指父母身體的終結，而是指孝子自身的一生。因此，父母喜愛的，自己也要喜愛；父母所敬重的，自己也要敬重，就是對他們喜歡的狗馬都一樣，更何況對于人呢？

行孝要滿足父母精神生活和物質生活兩個方面的需求。應做好二者的結合，使父母頤養天年。



烹熟鮮香 嘗而進之

烹熟鮮香嘗而進之，非孝也，養也。君子之所謂孝者，國人皆稱願焉，曰：幸哉有子如此。所謂孝也。

大戴禮記·曾子大孝

烹調鮮美的食物，品嚐後奉獻給父母，這不是孝，是供養。君子所説的孝，是讓一國的人都稱贊羡慕，説：『真幸運啊，有這樣好的兒子！』這就是所説的孝。

供養是奉事父母，而用自己好的爲人、優异的成就，赢得人們對父母的尊敬，才堪稱爲大孝。

## 昏定晨省

曾子孝於父母，昏定晨省，調寒溫，適輕重，勉之於糜粥之間，行之于衽席之上，而德美重於後世。

新語・慎微

曾子孝事父母，晚上服侍就寢，早晨探望問安，調節身體冷暖，調和口味濃淡，盡力照料好父母的吃住，這樣高尚的品德直到後代都得到敬重。

曾子孝敬父母忠實躬行，無微不至。德美流傳兩千多年，是行孝的榜樣。





## 椎牛而祭墓 不如雞豚逮親存

往而不可還者親也，至而不可加者年也。是故孝子欲養而親不待也，木欲直而時不待也。是故椎牛而祭墓，不如雞豚逮親存也。

韓詩外傳卷七

父母死後是不會活轉來的，年齡到了盡頭是不會再增添的。因此，錯過了時間，孝子就是想孝敬老人，父母却不能等待；樹木就是想長直，時節却不能等待。所以，殺牛去祭祀墳墓，不如父母活着的時候給他們殺鷄殺猪吃。

行孝就要在父母活着時敬養，不要生而不養，死而厚葬。

# 大杖則走

曾子有過曾皙引杖擊之仆地有間乃蘇起曰先生得無病乎曾子自以為無罪使人謝夫子夫子曰汝不聞昔者舜為人子乎小棰則待大杖則逃索而使之未嘗不在側索而殺之未嘗可得

韓詩外傳 卷八





曾子有了過失，他的父親曾皙取來棍棒就打他。把他打倒在地，過了一會才蘇醒過來，他站起來對父親說：「豈不是讓您老人家擔心了？」……曾子自認爲沒有錯，派人去問候孔子。孔子說：「你沒聽說過從前舜是怎麼做兒子的嗎？小打就等候，大打就逃走。如果尋找你來使喚，沒有不侍候在一旁的；如果尋找你來想殺掉，那就從沒有讓找到過。」

孝順，在一般情況下，順應父母是孝。如果父母是錯的，再去一味地順從，就會陷父母于不義，就是不孝了。父母教育子女要以理服人，不要以力服人。

## 以正致諫　以德從命

君子之孝也以正致諫士之孝也以德從命庶人之孝也以力惡食

大戴禮記·曾子本孝

卿大夫行孝，用美好的德行糾正父母的過錯；士行孝，預先理解父母的意圖，規勸他們不犯過錯而後聽從他們使喚；普通百姓行孝，力所能及地準備好飯菜奉養父母。

父母也會有過錯。如果父母有了過錯，孝子就應該耐心說服，使父母明理知錯。這也是行孝之道。



## 孝為民本　慎行終身

民之本教曰孝其行之曰養養可能也敬為難敬可能也安為難安可能也久為難久可能也卒為難父母既歿慎行其身不遺父母惡名可謂能終也

大戴禮記·曾子大孝

百姓的根本教化是孝，他們能做到的是供養。供養父母是可以做到的，但尊敬父母就難做到了；尊敬父母是可以做到的，但使父母安樂就難做到了；能使父母一時安樂是可以做到的，但長時間使父母安樂就難做到了；長時間使父母安樂也是能够做到的，但父母去世後終生行孝就難以做到了。父母即使去世，自己也要慎重行事，不讓父母留下壞名聲，可以說是終生行孝了。

孝是民衆的基本道德規範，父母活着時精心侍奉，是行孝。父母去世後，仍依父母教誨慎重行事，更是難得的孝行了。

言為可聞　行為可見

孝子言為可聞，行為可見。言為可聞，所以悅遠也；行為可見，所以悅近也。近者悅則親，遠者悅則附。親近而附遠，孝子之道也。

荀子・大略

孝子的言論能夠得到傳播，行爲能夠看得見。言論能夠傳播，所以遠處的人喜歡；行爲能夠看見，所以近處的人喜歡。近處的人喜歡就親近，遠處的人喜歡就來歸附。使近處的人親近，遠處的人歸附，是孝子的宗旨。

履行孝道，可得到遠親近鄰的贊譽；如果孝子爲官，亦可取得民衆的擁護與支持。因此，事親、爲政都要首先躬行孝道，做出表率。

慎終追遠

慎終追遠，民德歸厚矣。

論語・學而

謹慎地辦理父母的喪事，虔誠地祭祀追念祖先，這樣百姓的道德風尚就歸于淳樸厚道了。

『慎終追遠』是孝的體現，是孝道教化的實踐形式，用以感化民衆，使可改善民風。

學

習

明德新民 止於至善

大學之道在明明德在親民在止於至善

禮記·大學

大學的宗旨，在于發揚光明的品德，在于使民衆革舊圖新，在于達到最好的境界。

明明德，親民、止于至善，是儒家規定的大學『三綱領』，也就是成年人學習進修的三個目標。『明德』是道德教育，『親民』是學習治理民衆的本領，『止于至善』是達到最好。『三綱領』對我們今天仍有重要的指導意義。





君子尊其所聞則高明矣行其所聞則廣大矣高明廣大不在於他在加之志而已矣

尊其所聞則高明 行其所聞則廣大

大戴禮記·曾子疾病

君子尊重知識，就能使德行高超明達；把知識運用于實踐，就能使事業寬廣宏偉。德行的高超明達，事業的寬廣宏偉，不取决于别的，取决于意志的加强罷了。

『所聞』就是所掌握的知識。兩千多年前的曾子就看到了知識的重要性，不能不讓我們佩服；學爲所用，把知識用于實踐，這是曾子的又一高明之處。這個道理至今適用。

不能則學　行則比賢

不能則學。疑則問。欲行則比賢。雖有險道。循行達矣。

大戴禮記·曾子制言上

没有才能就學，有疑難問題就問，想做事就仿照賢人，雖然有艱險的道路，按照這個方法去做，就没有行不通的。

『不能則學，疑則問，行則比賢』，大概是古今學子最好的學習態度和方法，也是孔子『不耻下問』、『見賢思齊』思想的體現。如果按此堅持終生，就可以事事通達，無往而不勝。



少不諷誦則惰人

其少不諷誦。其壯不論議。其老不教誨。亦可謂無業之人矣。

大戴禮記·曾子立事

一個人少年時不讀書學習，壯年時不研究學問，老年時不能對人有所教誨，就可以説是懶惰及閑散的人了。

常言道，『少壯不努力，老大徒傷悲。』青少年時不好好學習，掌握豐富的知識，將來會有好的職業嗎？此話對當前更有着現實意義。

# 攻惡求過　彊所不能

君子攻其惡，求其過，彊其所不能，去私欲，從事於義，可謂學矣。

大戴禮記·曾子立事

君子祛除他的不好的方面，查找自己的過失，增强自己不具備的才能，去掉偏愛的欲望，見到適宜的事情就跟着去做，可稱得上好學了。

去除缺點，找到自己的薄弱點，去掉不切實際的欲望，見好人就學四個環節，是好好學習的標志，也是德、智全面發展的途徑，至今有用。

# 愛日以學　及時以行

君子愛日以學，及時以行，難者弗辟，易者弗從。

大戴禮記·曾子立事

君子要珍惜時間用于學習，學到的知識及時用于實踐，不回避困難，不貪圖安逸。

四句話的學習要求，今天也不過時。

# 學由其業 問以其序

君子學必由其業，問必以其序。問而不決，承間觀色而復之，雖不說，亦不彊爭也。

大戴禮記·曾子立事

君子學習一定要循序漸進，請教問題也要講究次序。請教了而沒有解決問題，抓住時機觀察老師的臉色再請教，老師就是不解答也不要强求。

曾子講的循序漸進的學習規律，就是要求學者學習要有目標，有計劃，扎扎實實，穩步前進。

# 近不親不求遠 小不審不言大

親戚不說，不敢外交；近者不親，不敢求遠；小者不審，不敢言大。

大戴禮記·曾子疾病

父母不喜歡自己，就不敢與外人交朋友；近處的人與自己不友愛，就不敢尋求遠處的人相友愛；小事情沒有弄明白，就不敢談論大事情。

人們認識事物的規律是由近及遠，由小及大。『近者不親，不敢求遠，小者不審，不敢言大』，是曾子對這規律的表述，也是重要的學習方法和要求。

# 格物致知

致知在格物，物格而後知至，知至而後意誠，意誠而後心正，心正而後身修，身修而後家齊，家齊而後國治，國治而後天下平。

禮記・大學

獲得知識的途徑在于追究事物的原理。追究事物的原理後才能獲得知識，獲得了知識後才能意念真誠，意念真誠後才能端正心思，心思端正後才能修養自己的品德，修養好自己的品德後才能整治好自己的家庭，整治好自己的家庭後才能治理好國家，治理好國家後才能使天下太平。

通過實踐取得真知，是『格物致知』要告訴我們的真理。我們常說的實踐出真知，毛澤東說的『你要知道梨子的滋味，就得變革梨子，親口吃一吃』，也是這個道理。



# 切磋琢磨

詩云：瞻彼淇澳，菉竹猗猗，有斐君子，如切如磋，如琢如磨。如切如磋者，道學也；如琢如磨者，自脩也。

禮記・大学

《詩經》中說：『看那淇水河灣處，長着茂盛的緑竹。有一位風流君子，像切磋過的骨器象牙，像琢磨過的玉石。……』切磋是說治學的態度要嚴謹，琢磨是說修身要刻苦。

《詩經》原義是指骨器、象牙、玉器、石器等的加工製作。曾子借用在學習和自修上，是說要精心、細緻、刻苦地去思考、探討、研究，離此就不能成『器』。玉不琢不成器，人成材亦如此。

## 博學能讓

君子既學之，患其不博也；既博之，患其不習也；既習之，患其無知也；既知之，患其不能行也；既能行之，貴其能讓也。君子之學，致此五者而已矣。

大戴禮記·曾子立事

君子既然學習了，就擔心學的不够寬廣；學的知識既然寬廣了，就擔心對這些知識不能够溫習；就是對這些知識溫習了，擔心的是不能够理解；就是對這些知識理解了，擔心的是不能够把它們用于實踐；就是能够用于實踐了，可貴的是能够謙讓。君子的學習能够做到這五點就可以了。

曾子把學習分爲遞進的五個層次，即博學、溫習、理解、實踐、謙讓。衹要把握住這五點，就能達到學習的目標，有所成就。這五點對今人學習依然有很强的指導意義。



## 博學孱守

君子博學而孱守之，微言而篤行之，行必先人，言必後人。

大戴禮記·曾子立事

君子要廣泛地學習知識并小心謹慎地去實踐它，少説話并堅定地去做，行動一定要在別人前面，説話一定要在別人後邊。

行動在前，説話在後，不僅是一個學習方法，也是爲人處事之道。少説多做，也是今人做事的原則。

多知而擇 博學而算

君子多知而擇焉，博學而算焉，多言而慎焉。

大戴禮記·曾子立事

君子要能夠識別多種人并區別對待，能夠廣泛地學習并辨別好壞，多參與謀議并出言謹慎。

曾子的『多知而擇，博學而算』告訴人們，多知人而不能亂交友，多學習而不能亂讀書。在現實生活中，這兩句話仍是重要的指導原則。





以文會友 以友輔仁

君子以文會友，以友輔仁。

論語·顏淵

君子用文章學問來聚會朋友，憑借朋友輔助自己修養仁德。

交朋友是古今人們生活中的組成部分。曾子在這裏提出了交友的目的、要求，特別把交友與學習、修身結合起來，作爲學習、修身的一條途徑，今天仍有借鑒意義。

# 日省月考

吾不見好學盛而不衰者矣，吾不見好教如食疾子者矣，吾不見日省而月考之其友者矣，吾不見孜孜而與來而改者矣。

大戴禮記・曾子疾病

我沒見過學習精力旺盛而永不衰微的學生，我沒見過教學生像喂養自己有病的孩子那樣用心的教師，我沒見過天天察看、月月考核其朋友德行道藝的人，我沒見過孜孜不倦地幫助來求學的學生改正過失的人，所以必須時刻注重加强道德修養。

日省月考就是經常檢查考核，它是督導學習的有效措施，曾子非常看重它。這種措施，不僅古代有之，而且相傳至今，并不斷發展完善。今天對學生作業的檢查批改、課堂提問、階段考、單元考、期中考、期末考等等，大概都源于此。

# 深藏如虛 盛教如無

良賈深藏如虛，君子有盛教如無。

大戴禮記・曾子制言上

善于做生意的人不輕易讓人看到他的寶貨，君子具有高尚的品德但不輕易表現自己。

『盛教如無』是有學識人的修養與胸懷，與大智若愚异曲同工，衹有謙虛好學的人才能達到。

# 一以貫之

子曰：參乎！吾道一以貫之。曾子曰：唯。子出，門人問曰：何謂也？曾子曰：夫子之道，忠恕而已矣。

論語・里仁

孔子說：『曾參啊！我的學說貫穿着一個基本思想。』曾子說：『是。』孔子走出去後，別的學生便問曾子：『老師這句話是什麼意思呢？』曾子說：『老師的學說，就是忠恕兩個字罷了。』

孔子忠恕思想是一以貫之的。後人把一以貫之作爲學習、辦事的原則。祇要有頑强的意志，堅持到底，一定能成功。

# 修身

## 修身為本

自天子以至於庶人壹是皆以脩身為本
其本亂而末治者否矣

禮記·大學

上自天子下至普通百姓，都要以修身爲做人的根本。如果這個根本被擾亂了，家庭、國家、天下要治理好是不可能的。

曾子對修養提出了兩條原則：一是普遍性，上至天子，下至百姓無一例外；二是修養的重要性，是齊家、治國的基礎。可見修養不是個人的事、小事，是大事、大家之事、國家之事。

## 修身在正心

所謂修身在正其心者身為所忿懥則不得其正有所恐懼則不得其正有所好樂則不得其正有所憂患則不得其正

禮記·大學

所謂修養自身在于端正自己的心思，就是說，如果心有所憤怒，身就不能端正；心有所恐懼，身也不能端正；心有所偏愛，身也不能端正；心有所憂患，身也不能端正。

『正心』就是確立正確的人生坐標、人生價值觀，以便在人生旅途中排解各種難題，譜寫人生樂章。

## 正心誠意

欲修其身者，先正其心；欲正其心者，先誠其意；欲誠其意者，先致其知；致知在格物。

禮記·大學

想修養好自己的品德，就先端正自己的心思；想端正好自己的心思，就先使自己的意念真誠；想使自己的意念真誠，就先使自己獲得知識；獲得知識的途徑在于窮究事物的原理。

『誠意』是意念真誠，做人真誠，做事真誠，這是待人處事最爲重要最爲寶貴的品德，今天市場經濟時代更有特殊意義，仍要誠信爲本。

## 心誠求之 雖中不遠

心誠求之，雖不中，不遠矣。未有學養子而後嫁者也。

禮記·大學

内心真誠地去追求，即使不能完全達到目標，也不會相差很遠。沒有哪個女子是先學會養育孩子再去嫁人的。

原意是，執政者要像母親愛護嬰兒那樣真誠對待百姓，就能教化好民衆，治理好國家。俗話説，至誠則金石爲開。一個人誠心去做一件事，很少有不成功的。

## 心不在焉 視而不見 聽而不聞 食而不知其味

心不在焉，視而不見，聽而不聞，食而不知其味。此謂修身在正其心。

禮記·大學

心思不在這裏，看了却看不見，聽了却聽不到，吃東西却不知道味道，這就是所說的修身在于端正自己的心思。

曾子告誡人們辦任何事情都要專心致志，才能事半功倍。

## 日三省身

吾日三省吾身：為人謀而不忠乎？與朋友交而不信乎？傳不習乎？

論語·學而

我每天多次反省自己：替別人辦事是不是竭盡全力了呢？和朋友交往是不是誠實了呢？老師傳授的學業是不是復習了呢？

『吾日三省吾身』是曾子的修身名言，千古傳頌。黨和國家領導人劉少奇、周恩來都對這種修身精神作了肯定。這種精神至今仍值得人們學習發揚。

# 日作夕省

唯義所在，日旦就業，夕而自省思，以歿其身，亦可謂守業矣。

大戴禮記·曾子立事

以正義爲行爲準則，白天從事事業，晚上自我反思，以這種態度堅持終身，就可稱得上守護基業了。

曾子的自我反省并不是唯心主義的閉門思過，而是把自我反省與實踐、事業緊密結合起來，以正義爲準則，以守業爲目的。

# 動容正色

君子所貴乎道者三：動容貌，斯遠暴慢矣；正顏色，斯近信矣；出辭氣，斯遠鄙倍矣。

論語·泰伯

君子應該重視的道理有三個方面：嚴肅自己的容貌，就可以避免別人的粗暴輕慢；端正自己的表情，就接近于誠實守信；說話注重用詞和口氣，就可以避免粗野和悖理。

動容貌，正顏色，出辭氣，是曾子提出的三條行爲規範，也就是我們今天所說的規章制度。制度建設是修身的一項重要措施，今天學校推行的養成教育就源于此。

# 晝則忘食 夜則忘寐

君子思仁義。晝則忘食。夜則忘寐。日旦就業。夕而自省。以歿其身。亦可謂守業矣。

大戴禮記·曾子制言中

君子思慕仁德和正義，白天從事事業忘記吃飯，晚上自我反省忘記睡眠，以此鍛煉自身，就可說守住基業了。

曾子告訴人們，修身要專心致志，要經過艱苦的鍛煉，才能有所成就。



# 戰戰兢兢 如臨深淵 如履薄冰

曾子有疾。召門弟子曰。啓予足。啓予手。詩云。戰戰兢兢。如臨深淵。如履薄冰。而今而後。吾知免夫。小子。

論語·泰伯

曾子患了病，召集學生們到身邊，對他們說：『看看我的脚，看看我的手！《詩經》中說：「戰戰兢兢，如臨深淵，如履薄冰。」從今以後，我知道我的身體不會再受到損傷了！學生們！』曾子讓學生們看看自己的手脚完好，說明自己一生小心謹慎。

謹慎從事是曾子另一重要修身方法。曾子臨終前讓弟子們看看自己的手脚完好，說明自己一生小心謹慎，用現身說法教育弟子。好像站在深淵的邊沿，好像在薄冰上行走，那需要何等的小心謹慎啊！做到此，一定會很少出現差錯了。

## 曾子名言

患難除之 財色遠之

君子患難除之，財色遠之，流言滅之。禍之所由生，自纖纖也，是故君子夙絶之。

大戴禮記·曾子立事

君子應懷着擔憂害怕的心情去修養自己，遠離財色，不説没根據的話。這樣，禍害所産生的機會，自然就很微小了。因此君子要早斷絶流言和財色。

謹慎修身就要抵制誘惑。財色是最大的誘惑，應引起特别警惕。

十目所視 十手所指

十目所視，十手所指，其嚴乎。

禮記·大學

曾子説：『像十隻眼睛注視着自己，十隻手指點着自己，難道還不嚴厲嗎？』

一個人的言行，總要受到衆人的監督，不可不謹慎。

## 必慎其獨

所謂誠其意者，毋自欺也。如惡惡臭，如好好色，此之謂自謙。故君子必慎其獨也。

禮記·大學

所謂使自己的意念誠實，就是說自己不要欺騙自己。像厭惡腐臭的氣味一樣，像喜愛美麗的女子一樣，這是人都有讓自己得到滿足的欲望。因此，君子哪怕是在一個人獨處的時候，也一定要謹慎。

慎其獨，就是一個人在獨處的時候也要謹慎。如果說『吾日三省吾身』是曾子自我反省的最高功夫，那麼『必慎其獨』則是曾子謹慎處世的最高境界。一個人在沒別人監督的情況下，能夠自我約束，嚴格要求自己，不做違規事，古今中外都是道難題，這也就成了修養的最高境界，至今仍不失其實踐意義。



## 慎獨

誠於中，形於外，故君子必慎其獨也。

禮記·大學

內心的真實情況，在外表上一定會有所顯露，所以君子在一個人獨處的時候，也一定要謹慎。

慎獨的大敵是僥幸心理，認爲自己辦的巧妙，別人不會知道。俗話說：『若想人不知，除非己莫爲。』僥幸心理害己害人。因此，必須上好『慎獨』這一課。

## 目者心之浮　言者行之指

故目者心之浮也，言者行之指也，作於中則播於外也，故曰以其見者占其隱者。

大戴禮記·曾子立事

眼神是內心的浮現，言論是行動的表示，內心有活動，在外就有表現。所以說，通過顯現的，就能看到其隱蔽的。

此條重點講如何觀察人、識別人，從側面告訴人們修己立身應注意的問題。

## 太上不生惡　其下而能改

太上不生惡，其次而能夙絕之也，其下復而能改也。

大戴禮記·曾子立事

首先不做壞事，這是最主要的，其次能及早與壞事斷絕，再次是做錯事能夠改正。

反省、實踐、改過相結合，是曾子提倡的自我反省的主要特色。

過而能改　行而能遂

過而不能改倦也行而不能遂恥也慕善人而不與焉辱也弗知而不問焉固也說而不能窮也喜怒異慮惑也不能行而言之誣也非其事而居之矯也道言而飾其辭虛也無益而食厚祿竊也好道煩言亂也殺人而不戚焉賊也

大戴禮記·曾子立事

# 曾子名言



有錯不能改是懈怠的表現；做事半途而廢應感到羞愧；羨慕好人而不去結交，是甘願辱沒自己；不知道還不問，是固執行爲；解說事理不能服人是自己知識貧乏；喜怒無常那是迷亂；說到不做那是欺騙；不是自己做的事而據爲己有，那是狡詐；拿道聽途說的話來文飾自己的言論，那是內心空虛；對人沒有益處而領取豐厚的待遇，如同盜竊；好說繁瑣的話是製造混亂；對殺人也不憂傷那是太狠毒了。

曾子從反面說明『有過而不能改』的危害是真正犯了錯。俗話說，『浪子回頭金不換』，有錯改過之後，照樣可以成爲有用人才。

憂之也深　更之也速

故君子服過也非徒飾其辭而已誠發乎中心形乎容貌其愛之也深其更之也速如進兔惟恐不逮故有進業無退功

中論·貴驗

君子糾正過錯，不僅僅改正的話説得好就算完結。要真誠地發自内心，表現于容貌，他愛自己越深，他更改的也越快，就像追趕野兔一樣衹怕趕不上，因爲這樣做衹能推進事業，不會減退功力。

曾子誠心告誡要用愛自己的心去改正錯誤，愛自己越深，更改過錯就應該越堅决越快，才能使自己事業有成。

朝過夕改

君子不先人以惡不疑人以不信不説人之過成人之美存往者在來者朝有過夕改則與之夕有過朝改則與之

大戴禮記·曾子立事

君子不事先認爲人家不好，不用不信任的眼光猜忌人，不宣揚别人的過失，并成全人家的好事，體恤以往的過錯，察看以後的行動，早晨有過錯晚上改正就要贊許，晚上有過錯早晨改正同樣應該贊許。

寬人律己是曾子對人對己的一個處事態度，也是一個人修養的標志與原則，至今可行。

正
氣

曾子名言

成語格言專集

八九
九〇

## 任重道遠　死而後已

士不可以不弘毅。任重而道遠。仁以爲己任。不亦重乎。死而後已。不亦遠乎。

論語·泰伯

讀書人不可以不堅强而有毅力，因爲他責任重大而路途遥遠，把實現仁德作爲自己的責任，不是很重大嗎？奮鬥到死才罷休，不是很遥遠嗎？

曾子對有志之士提出兩條要求：一是要有遠大的理想與抱負，以天下爲己任；二是實現目標，對待事業要鞠躬盡瘁，死而後已。這種精神影響着一代一代仁人志士，像岳飛、陸游、文天祥等。今天這種精神仍然是激勵人們前進的金石之言。





## 大節不可奪

可以托六尺之孤。可以寄百里之命。臨大節而不可奪也。君子人與。君子人也。

論語·泰伯

可以把幼小的君主托付給他，可以把一個國家的命運委托給他，面對生死存亡的關頭却不動摇屈服。這樣的人是君子嗎？是君子啊。

氣節是一個人品格和意志的最集中體現，没有氣節就失去了靈魂。曾子非常看重氣節，他在這裏描繪出一個臨危受命，繫國家安危于一身，處生死存亡關頭，安國家、保社稷，不爲利害所動，不爲威武所屈的君子形象。

## 視死如歸

富以苟不如貧以譽生以辱不如死以榮辱可
避避之而已矣及其不可避也君子視死若歸

大戴禮記・曾子制言上

以曲意奉迎得到的富貴不如貧窮有個好名聲，屈辱地活着不如光榮地死去。恥辱可以避開，就避開它算了，到了不可避開的時候，君子就要視死如歸。

大義凜然，視死如歸，錚錚之言，是古今志士仁人的座右銘。以死保節，不乏其人，萬古流芳。骨氣、正氣是人們對付一切邪惡的法寶。



## 負耜而行道　凍餓而守仁

不得志不安貴位不博厚祿負耜而行道凍
餓而守仁則君子之義也

大戴禮記・曾子制言中

自己的理想得不到實現，就不要安居高位，不去討取豐厚的俸祿，就是當普通百姓也要推行正確的主張，挨凍受餓也要堅持仁愛，這就是君子的義。

當人們不得志、生活貧困時也不要放弃自己的主張，而積極推行之，這種操行在今天依然值得借鑒。

屈己伸道　抗志以貧

屈己以伸道乎？抗志以貧賤。

孔叢子・抗志

委屈自己來伸張真理麽，堅持高尚的志氣不怕貧賤！

人是要有點精神的，有了志氣，委屈、貧困都不可怕，怕的是沒志氣，沒精神。





不假貴而取寵　不比譽而取食

君子不假貴而取寵，不比譽而取食，直行而取禮，比說而取友。

大戴禮記・曾子制言中

君子不靠向地位高的人乞求而得到寵愛，不靠親近好名聲的人而求取俸祿，要靠走正道而獲得禮遇，要從相互喜愛的人中尋求朋友。

不攀龍附鳳，不依權附貴，才能保住氣節。

不宛言取富 不屈行取位

君子直言直行，不宛言而取富，不屈行而取位。

大戴禮記・曾子制言中

君子說話做事都要正直，不靠花言巧語求取財富，不靠卑躬屈膝求取祿位。

講氣節就要正直，說話正直，做事也要正直，如果靠花言巧語或不正當的行爲取得財富或官位，那祇能算小人而不是君子。

不諂富貴 不乘貧賤

君子不諂富貴以爲己說，不乘貧賤以居己尊。

大戴禮記・曾子制言下

君子不靠向富貴的人諂媚來謀求自己的歡樂，不靠欺凌貧賤的人來提高自己的地位。

對富貴的人不乞求，對貧困的人不欺凌，保持一顆平常心，是非常可貴的。

國有道則入 國無道則出

國有道則突若入焉 國無道則突若出焉 如此之謂義

大戴禮記·曾子制言下

國家有德政就像大鳥疾飛那樣歸來，國家没有德政就像大鳥疾飛那樣離去，這樣就叫做義。

推崇以德執政。



將說富貴 必勉於仁

君子將說富貴必勉於仁也

大戴禮記·曾子制言中

君子想要喜歡富貴，必須在仁德上下功夫。

取得富貴要靠正當手段。正如孔子所說，『君子愛財，取之有道。』

## 彼富吾仁　吾何慊乎

晉楚之富不可及也。彼以其富，我以吾仁；彼以其爵，我以吾義，吾何慊乎哉。

孟子・公孫丑下

晉國和楚國的財富，我們趕不上。但他有他的財富，我有我的仁德；他有他的爵位，我有我的道義，我有什麽感到不足呢？

此話顯示出曾子高尚的思想境界。曾子以仁、義爲立身標準，富貴與仁義相比，再高也高不過仁義。





## 重身輕祿

親沒之後，齊迎以相，楚迎以令尹，晉迎以上卿。方是之時，曾子重其身而輕其祿。

韓詩外傳 卷一

父母去世以後，齊國迎接曾子去做相國，楚國迎接他去做令尹，晉國迎接他去做上卿。在這個時候，曾子重視自身的人格而拒絕了高官。

這裏說的是曾子的爲人之道。

## 自反而縮 萬敵敢逕

吾嘗聞大勇於夫子矣。自反而不縮。雖褐寬博。吾不惴焉。自反而縮。雖千萬人。吾往矣。

孟子·公孫丑上

我曾聽孔子說過什麼是最大的勇敢：自我反省，正義不在自己一方，即使對方是普通百姓，我也不恐嚇他們；自我反省，正義在自己一方，即使對方有千軍萬馬，我也勇往直前。

正義和勇爲相結合，才是真正的勇敢。



## 懼之不恐 怒之不惛

臨懼之而觀其不恐也。怒之而觀其不惛也。喜之而觀其不誣也。近諸色而觀其不踰也。飲食之而觀其有常也。利之而觀其能讓也。居哀而觀其貞也。居約而觀其不營也。勤勞之而觀其不擾人也。

大戴禮記·曾子立事

面對恐嚇才能看出他心情的坦然，面對譴責才能看出他思緒的沉穩，快樂的時候才能看出他并不狂妄，接近美色才能看出他恪守禮法，吃喝的時候才能看出他講求綱常，面對利益才能看到他的禮讓，悲痛的時候才能看出他的堅貞，貧困的時候才能看出他不被金錢利祿所迷惑，辛苦勞作的時候才能看出他不被人所干擾。

曾子所說君子保節之道要經過九個關口的考驗，現實亦是如此。

近市無賈　在田無野

近市無賈。在田無野。行無據旅。苟若此。則夫杖可因篤焉。

大戴禮記·曾子制言上

靠近集市而沒有存放貨物的棧房，在田野勞動沒有供休息的草廬，行走在路上沒有依托的客房，假如做到這樣，那麼持有的操守會更加堅定了。

人窮志不窮，自古是爲人之道。

## 功成名隨

夫行非爲影也，而影隨之；呼非爲響也，而響和之。故君子功先成而名隨之。

說苑·雜言

行走不是爲了影子，影子卻能相隨；呼喚不是爲了回聲，回聲卻能應和。所以君子先成就功業，名聲就會隨之而來。

自古道，人過留名，雁過留聲。好名聲是個人所爲，壞名聲也是個人所爲。君子走正道，謀正業，好名聲不徑而走。